W0312260

Angelika Wagener

Artischockentechnik zur Weihnachtszeit

CHRISTOPHORUS
BRUNNEN-REIHE

SEIT MEHR ALS 30 JAHREN STEHT DER NAME „CHRISTOPHORUS“ FÜR KREATIVES UND KÜNSTLERISCHES GESTALTEN IN FREIZEIT UND BERUF. GENAUSO WIE DIESER BAND DER BRUNNEN-REIHE IST JEDES CHRISTOPHORUS-BUCH MIT VIEL SORGFALT ERARBEITET: DAMIT SIE SPASS UND ERFOLG BEIM GESTALTEN HABEN – UND FREUDE AN SCHÖNEN ERGEBNISSEN.

ISBN 3-419-55833-3

Styling und Fotos: Roland Krieg, Waldkirch
Reinzeichnungen: Sascha Wagener, Dortmund
Umschlaggestaltung: Network!, München
Produktion: Print Production, Umkirch
Druck: Freiburger Graphische Betriebe, 1996

CHRISTOPHORUS

BÜCHER MIT IDEEN

Inhalt

Angelika Wagener bedankt sich bei folgenden Firmen für die großzügige Bereitstellung der Materialien: Karo-Band in Wuppertal (Bänder) und Fa. Berndt Donath in Wittlich (Floristik).

Weihnachtliche Bastelideen in Artischockentechnik

In der Advents- und Weihnachtszeit hat das Basteln Hochkonjunktur. Jeder möchte seine Wohnung, seine Haustür oder seinen Arbeitsplatz weihnachtlich schmücken.
In diesem Buch finden Sie viele Anregungen und Ideen für Ihre weihnachtlichen Dekorationen in Artischockentechnik. Die Auswahl geht von klassischen Türbögen über imposante Gebilde – wie den antiken Puppenwagen – bis zu dekorativen kleinen Gestecken, die sich für den Büroschreibtisch eignen. Einige der Objekte eignen sich auch hervorragend zum Verschenken. Ihre beste Freundin wird sich sicher über eine der schön verzierten Dosen freuen, und wenn Sie zum Adventskaffee eingeladen werden, bringen Sie doch mal statt Blumen einen in Artischockentechnik besteckten Stern mit.

Die große Auswahl an Bändern, Materialien und Accessoires die der Fachhandel anbietet, ermöglicht es Ihnen, meine Vorschläge individuell auf Ihren Farbgeschmack umzugestalten.
Arbeiten Sie für die weihnachtlichen Dekorationen viel mit künstlichem Tannengrün, das heute von Echtem kaum zu unterscheiden ist. Der Vorteil daran ist, daß Sie die Dekorationen jahrelang immer wieder verwenden können.
Ich wünsche Ihnen eine schöne Weihnachtszeit und viele gemütliche Bastelstunden mit der Artischockentechnik.

Ihre

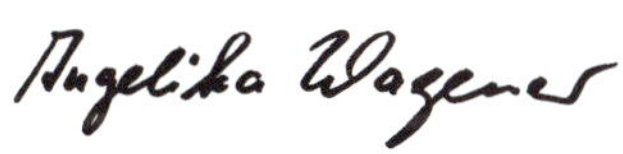

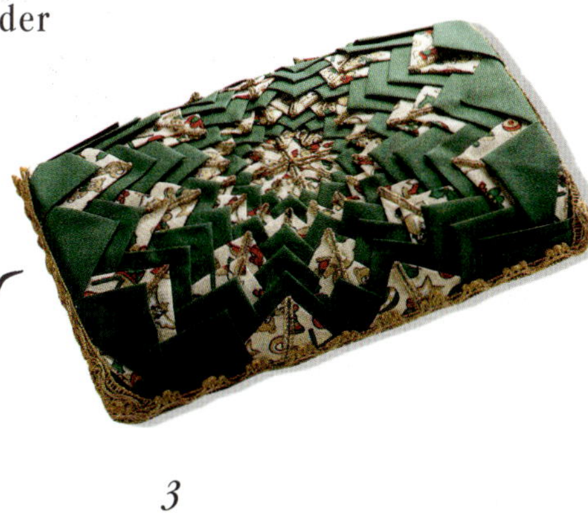

Material und Hilfsmittel

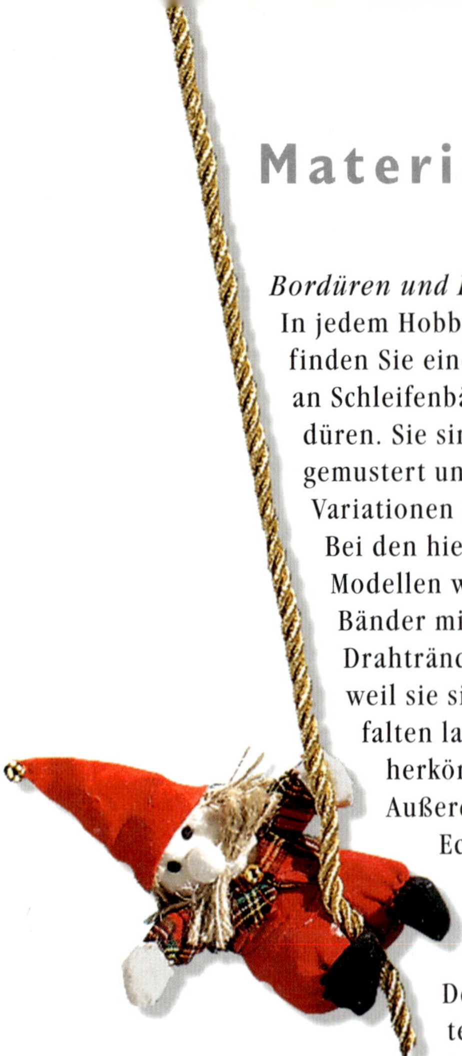

Bordüren und Bänder:
In jedem Hobbyfachgeschäft finden Sie eine große Auswahl an Schleifenbändern und Bordüren. Sie sind bunt oder gemustert und in unzähligen Variationen zu kombinieren. Bei den hier vorgestellten Modellen wurden häufig Bänder mit eingefaßten Drahträndern verarbeitet, weil sie sich müheloser falten lassen als herkömmliche Bänder. Außerdem können die Ecken der Schuppen gebogen werden, was eine weitere Dekorationsvariante bedeutet. Sollten Sie die in diesem Buch verwendeten Bänder bzw. passende Äquivalente bei Ihrem Fachhändler nicht bekommen, hilft Ihnen die Autorin gerne weiter (Ihre Adresse: Weiße Taube 15, 44229 Dortmund).

Floristik:
Moderne künstliche Blumen und Grünpflanzen sind von echten Blumen, Früchten oder Blättern kaum noch zu unterscheiden und als edler Raumschmuck nicht mehr wegzudenken. Geeignete Materialien, um die Floristik zu verarbeiten, finden Sie ebenfalls im Bastelhandel.

Drähte:
Zum Verbinden einzelner Elemente oder zum Andrahten von Blumen oder Schleifen verwenden Sie dünnen Blumendraht von der Rolle (∅ 3 - 4 mm). Zum Andrahten schwererer Teile oder als Verlängerung von zu kurzen Stielen gibt es fertig geschnittene Drahtstücke in verschiedenen Stärken.

Abb. 2

Technik

Abb. 1

Nadeln:
Im Bastelfachhandel finden Sie Stecknadeln, die kürzer sind als die zum Nähen verwandten. Sie sind vor allem bei kleineren Trägerelementen oder Dosen mit flachen Deckeln – sehr praktisch, da man sich an ihnen nicht so verletzen kann.

Sonstiges:
Dünne Rundstäbe aus Holz zum Aufstecken der Kugeln gibt es in unterschiedlichen Stärken und Längen in Baumärkten.

Verwenden Sie vor allem beim Schneiden der Bordüren und Bänder scharfe mittelgroße Scheren. Bei zu stumpfen Scherenblättern, besteht die Gefahr, daß die Bänder leicht ausfransen.

❶ Die vorgesehene Menge Band zuerst in gleichgroße Stücke schneiden. Die Länge der Abschnitte richtet sich nach der Breite des Bandes. Bei einer Bandbreite von 4 cm sind die Stücke also 8 cm lang (s. Abb. 1).

❷ Aus jedem Abschnitt ein Dreieck falten. Es entspricht einer Schuppe der Artischocke (s. Abb. 2).

❸ Mit vier Nadeln ein Quadrat aus Schleifenband straff auf der Styroporkugel feststecken (s. Abb. 3).

❹ 1. Reihe: Die erste von vier Schuppen, in diesem Fall gemustertes Band, mit der Spitze auf den Mittelpunkt des uni-

Abb. 3

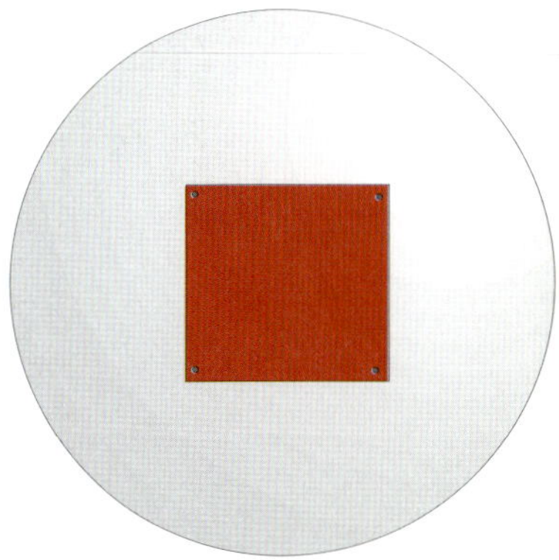

Abb. 4

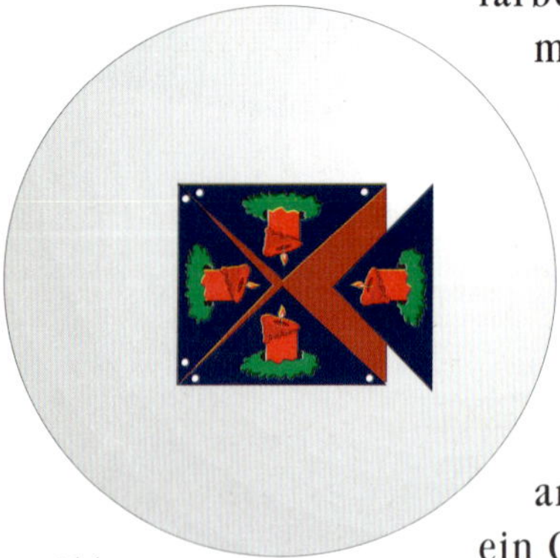

Abb.

farbenen Quadrates legen und mit zwei Nadeln an den Ecken der unteren Geraden feststecken. Die 2. Schuppe genau gegenüber aufsetzen, so daß die Spitzen aneinanderstoßen. Schuppe 3 und 4 aufstecken. Die vier Ecken stoßen direkt aneinander (s. Abb. 4). Es entsteht ein Quadrat aus 4 Schuppen.

5 2. Reihe: Die nächsten vier Schuppen, unifarbenes Band, ca. 1 cm nach unten versetzt mit der Spitze auf die Zwischenräume der ersten Schuppen stecken (s. Abb. 5).

6 3. Reihe: 4 Schuppen des gemusterten Bandes ca. 1 cm nach unten versetzt in die Zwischenräume der 2. Reihe stecken. Das Gleiche mit 4 Schuppen des unifarbenen Bandes u.s.w. Eine Reihe besteht immer aus 4 Schuppen. Es muß immer der gleiche Abstand von Reihe zu Reihe eingehalten werden.

7 Die weiteren Reihen im Wechsel stecken, bis die Kugel ganz mit Schuppen bedeckt ist. Das klassische Artischockenkugelmuster ist enstanden, ein Streifen uni, einer gemustert. Weitere Mustervorschläge befinden sich bei den Anleitungen zu den einzelnen Objekten.

8 Das letzte Stück kann mit einem Quadrat aus Band verschlossen oder mit einer Schleife verdeckt werden.
Bei Kränzen die erste Schuppe am besten mit der Spitze auf die innere Naht legen und die zweite Schuppe auf die äußere Naht. Die 3. und 4. Schuppe füllen dann die Zwischenräume aus. Die Unterkanten der Schuppen müssen eine Linie bilden.
Ab 2. Reihe weiter wie ab Arbeitsschritt 5 beschrieben.

Haustürkranz

❶ Je 40 Stücke gemustertes und rotes Band jeweils 13 cm lang zuschneiden und falten.

❷ Ein Quadrat aus rotem Band aufstecken, und die 1. Reihe mit 4 gemusterten Schuppen bilden. In der 2. Reihe vier Schuppen rotes Band aufstecken. Fortlaufend wiederholen, bis das gesamte Band verarbeitet ist.

❸ Aus jeweils 80 cm, 1 m und 1,20 m gemustertem Band Schleifen binden, andrahten und am Kranz befestigen.

❹ Mit der Polsternadel einen Draht durch das untere Stück der Kugel ziehen und sie am Kranz befestigen.

❺ Die eine Hälfte des Kranzes mit dem Golddraht und die andere Hälfte mit der Girlande umwickeln. Die Pferdeköpfe mit Draht befestigen.

Material:

- 8,20 m Band: rot-gold-gemustert, wetterfest, 6,5 cm breit
- 5,20 m Band: rot, wetterfest, 6,5 cm breit
- 1 Styropor-kugel, 12 cm ∅
- 2 Holzpferde-köpfe
- 1 Tannenkranz
- Golddraht mit Sternchen
- 1 Sternen-girlande: rot
- Blumendraht

Hilfsmittel:

- kurze Stecknadeln
- Schere
- Klebepistole
- Drahtzange
- Polsternadel

Goldener Weihnachtsteller

❶ 52 Bandstücke zu je 15 cm zuschneiden. 28 Bandstücke mit dem Muster nach oben und 24 mit dem Muster nach innen falten.

❷ Ein Quadrat aus grünem Band aufstecken, und die 1. Reihe mit 4 gemusterten Schuppen bilden. In der 2. Reihe 4 Schuppen uni grün mit der Drahtkante nach oben aufstecken. Fortlaufend wiederholen, bis alles Band verarbeitet ist.

❸ Aus 90 cm gemustertem Band, aus 2 Stücken von je 50 cm langer Kordel und 3 Stücken von je 30 cm langer dünner Kordel, an deren Enden die Perlen geklebt werden, einen Schleifentuff binden. Zusammen mit der Kugel, dem Grün und den Blüten auf dem Teller dekorieren.

Material:

- **8,70 m Band: grün-gold-gemustert, 7,5 cm breit**
- **1 m Kordel: gold**
- **1 m Kordel: gold, dünn**
- **1 Styroporkugel, 12 cm ∅**
- **1 Teller: gold**
- **3 Blütenpiks: weiß-gold**
- **3 ovale Goldperlen**
- **etwas Tannengrün**

Hilfsmittel:

- **kurze Stecknadeln**
- **Schere**
- **Klebepistole**

Weihnachtsbaumschmuck

Material:

- 17,20 m Band: rot-grün-gemustert, 4 cm breit
- 7,30 m Band: gold, 4 cm breit
- 5,80 m Band: grün, 4 cm breit
- 4,50 m Kordel: gold, dünn
- 5 Styropor-kugeln, 8 cm ∅
- einige goldene Kugeln

Hilfsmittel:

- kurze Stecknadeln
- Schere

Vorbereitung: 188 Stücke gemustertes Band, 76 Stücke goldenes Band und 72 Stücke grünes Band, jeweils 8 cm lang, schneiden und falten.

Linke Kugel

1. Ein grünes Quadrat aufstecken.

2. Die 1. Reine in gemustert und die 2. Reihe in grün, die 3. Reihe in gold, im Wechsel bis zur 9. Reihe bestecken.

3. Aus je 30 cm gemustertem Band und 30 cm dünner Kordel 2 Schleifen binden und unter der Kugel feststecken.

4. An die Kugel 30 cm dünne Kordel zum Aufhängen kleben. Einige der herunterhängenden Kordeln mit Perlen verzieren.

Rechte Kugel

1 Ein grünes Quadrat aufstecken.

2 Die 1. und 2. Reihe in gemustert, die 3. Reihe in grün bestecken. Reihe 1 bis 3 wiederholen bis zur 9. Reihe.

3 Aus je 30 cm gemustertem Band und 30 cm dünner Kordel 2 Schleifen binden und unter der Kugel feststecken.

4 An die Kugel 30 cm dünne Kordel zum Aufhängen kleben. Einige der herunterhängenden Kordeln mit Perlen verzieren.

Linke Kugel

❶ Ein goldenes Quadrat aufstecken.

❷ Die 1. Reihe in gemustert und die 2. Reihe in gold im Wechsel bis zur 9. Reihe.

❸ Aus 30 cm gemustertem Band und 30 cm dünner Kordel eine Schleife binden, ebenso aus 30 cm gold und 30 cm Kordel. Die Schleifen unter der Kugel feststecken.

❹ An die Kugel 30 cm dünne Kordel zum Aufhängen kleben. Einige der herunterhängenden Kordeln mit Perlen verzieren.

Rechte untere Kugel

❶ Ein grünes Quadrat aufstecken.

❷ Die 1. Reihe in gemustert und die 2. Reihe in grün im Wechsel bis zur 9. Reihe.

❸ Aus je 30 cm gemustertem Band und 30 cm dünner Kordel zwei Schleifen binden und unter der Kugel feststecken.

❹ An die Kugel 30 cm dünne Kordel zum Aufhängen kleben. Einige der herunterhängenden Kordeln mit Perlen verzieren.

Rechte obere Kugel

❶ Ein goldenes Quadrat aufstecken.

❷ Die 1. und 2. Reihe in gemustert, die 3. Reihe in gold bestecken. Reihe 1 bis 3 dreimal bis zur 9. Reihe wiederholen.

❸ Aus je 30 cm goldenem Band und 30 cm dünner Kordel zwei Schleifen binden und unter der Kugel feststecken.

❹ An die Kugel 30 cm dünne Kordel zum Aufhängen kleben. Einige der herunterhängenden Kordeln mit Perlen verzieren.

Ballonfahrt der Wichtel

Material:

- 9,60 m Band: Weihnachtsmannmuster, 7,5 cm breit
- 2,60 m Band: grün, Golddrahtkante, 7,5 cm breit
- 10,40 m Band: rot, 6,5 cm breit
- 0,50 m Kordel: gold, dünn

1. 64 Stücke gemustertes, 16 Stücke grünes Band, je 15 cm lang, und 80 Stücke rotes Band, 13 cm lang, zuschneiden und falten.

2. Ein Quadrat aus rotem Band aufstecken, und die 1. Reihe mit 4 gemusterten Schuppen bilden, die 2. Reihe in rot. Fortlaufend wiederholen bis zur 9. Reihe.

3. Ab der 10. Reihe werden immer 2 Schuppen pro rote Reihe nebeneinandergesteckt. Im Wechsel mit gemustertem Band wiederholen, bis alle roten Schuppen aufgebraucht sind.

4. Die letzten 8 Reihen im Wechsel in gemustert und grün stecken, wobei die grünen Schuppen mit der Drahtkante nach oben gesetzt werden. Ein 15 x 15 cm großes Stück grünes Band bildet den Abschluß.

5. Je 2 m Goldkordel kreuzweise über die Kugel legen und bis zu den grünen Schuppen feststecken. In den Topf 4 sich gegenüberliegende Löcher bohren, die Kordelenden durchziehen. Nachdem der Ballon gerade hängt, werden die Kordelenden verknotet.

6. Das Tannengrün und die Wichtel am und im Korb festkleben.

- 4 m Kordel: gold
- 1Styroporkugel, 50 cm ∅
- 1 Blumentopf aus Bast, 16 cm ∅
- 3 Wichtel
- etwas Tannengrün

Hilfsmittel:

- kurze Stecknadeln
- Schere
- Klebepistole

Festliche Spanschachtel mit Sternen

❶ Die Seide in Aquarelltechnik bemalen und nach dem Fixieren in 5 cm breite Streifen zerreißen. Die Streifen in Wäschesteife einweichen und naß in Falten um die Dose legen. Die Seide auf dem Deckel glattstreichen. Nach dem Trocknen wird der Stoff steif und klebt auf der Dose.

❷ 12 Stücke Band in 15 cm lange Stücke schneiden und zu Dreiecken falten.

❸ Je 4 Dreiecke in der Mitte etwas einhalten und zu einem Kreis auf die Dose kleben. 3 Reihen arbeiten, von außen nach innen. In die entstandene Blüte die dicke Perle kleben.

❹ Einige Tannenzweige, die Kordel und die Sterne dazu dekorieren.

Material:

- ★ **1,80 m Band: blau-gold, 7,5 cm breit**
- ★ **1 m Kordel: gold**
- ★ **1 große Spandose, oval**
- ★ **1 Perle: gold**
- ★ **5 Sterne: gold**
- ★ **etwas Tannengrün**
- ★ **0,50 m Pongé 05**
- ★ **AVANTGARDE Seidenmalfarbe: Royal und Magenta**
- ★ **Wäschesteife**

Hilfsmittel:

- ★ **kurze Stecknadeln**
- ★ **Schere**
- ★ **Klebepistole**

Weihnachtsdose

Material:
- 6,40 m Band: grün, 4 cm breit
- 7,20 m Band: Teddymuster, 6 cm breit
- 1,50 m Goldlitze
- 1 Styropordose mit gewölbtem Deckel
- Hobbyline Acryl-Mattfarbe: grün

Hilfsmittel:
- kurze Stecknadeln
- Schere
- Pinsel

❶ Das Innere der Dose mit der Acrylfarbe streichen.

❷ 74 Stücke grünes Band, 8 cm lang, und 52 Stücke gemustertes Band, 12 cm lang, zuschneiden und falten.

❸ Ein Quadrat aus grünem Band in die Mitte des Deckels stecken. Die 1. bis 3. Reihe aus je 4 Schuppen gemustertem Band mit der Naht nach oben aufstecken.
Die 4. und 5. Reihe besteht aus je 8 grünen Schuppen, die sternförmig aufgesteckt werden.

❹ In die 6. und 7. Reihe werden je 8 gemusterte und in die 8. und 9. Reihe je 8 grüne Schuppen gesteckt. Bis zur 16. Reihe fortlaufend wiederholen.
Die 17. Reihe besteht nur noch aus 6 grünen Dreiecken. Alle über den Rand stehenden Stoffstücke abschneiden und diesen mit Litze verdecken.

❺ Die Kopfteile des Deckels mit je 16 cm grünem Band und 20 cm Litze versäubern.

Material:

Sternengesteck

- 6,40 m Band: bordeaux-gold, 4 cm breit
- 4,20 m Band: gold, 4 cm breit
- 2,00 m Kordel: gold
- 1 Styroporstern
- 1 großes Blatt
- 10 Tannenzweige
- 5 ovale Perlen: gold
- 2 runde Perlen: gold
- stabile Drahtstäbe

Sternengesteck

❶ 80 gemusterte und 30 goldene Bandstücke, je 8 cm lang, schneiden und falten.

❷ Ein goldenes Quadrat auf die Mitte des Sterns stecken. In der 1. Reihe mit 5 gemusterten Schuppen und in der 2. Reihe mit 5 goldenen beginnen.

❸ Weiter so im Wechsel bis zur 6. Reihe. Jetzt wird jeder Strahl bis zur Spitze mit 5 gemusterten Schuppen besteckt. Die andere Seite des Sterns genauso arbeiten. Danach den Rand mit 1 m Kordel versäubern.

❹ Die Zweige auf das große Blatt kleben. Den Stern aufrechtstehend dazukleben.

❺ Aus den auf Draht gefädelten Perlen Piks herstellen und ebenfalls festkleben.

❻ Aus 1 m goldenem Band und 1 m Kordel eine Schleife binden und zusammen mit einer ovalen Perle aufkleben.

Schuppenstern

❶ 20 gemusterte und 90 goldene Bandstücke, je 8 cm lang, schneiden und falten.

❷ Nach dem Aufstecken eines gemusterten Quadrats auf die Mitte des Sterns in der 1. Reihe mit 5 goldenen Schuppen und in der 2. Reihe mit 5 gemusterten beginnen.

❸ Weiter so im Wechsel bis zur 4. Reihe. Die 5. und 6. Reihe besteht aus je 4 goldenen Schuppen. Jetzt wird jeder Strahl mit 5 goldenen Schuppen bis zur Spitze besteckt. Die andere Seite des Sterns genauso arbeiten.

Fortsetzung: S. 22

Schuppenstern

- ★ **1,60 m Band: bordeaux-gold, 4 cm breit**
- ★ **8,20 m Band: gold, 4 cm breit**
- ★ **1 m Kordel: bordeaux-gold**
- ★ **1 m Kordel: gold, dünn**
- ★ **1 Styroporstern**

Kordelstern

- ★ **5,60 m Band: gold, 4 cm breit**
- ★ **7 m Kordel: bordeaux-gold**
- ★ **1 m Kordel: gold, dünn**
- ★ **1 Styroporstern**

Hilfsmittel:

- ★ **kurze Stecknadeln**
- ★ **Schere**
- ★ **Heißklebepistole**

(Fortsetzung von S. 21)

❹ Den Rand mit 1 m Kordel versäubern.

❺ 2 Schleifen, aus je 0,50 m Goldband binden und von beiden Seiten über die Ansatzstelle der Kordel stecken. Den Stern an der dünnen Kordel aufhängen.

Kordelstern

❶ 60 goldene Bandstücke, je 8 cm lang, schneiden und falten.

❷ In der Mitte des Sterns beginnend 3 m der Kordel zu einer Schnecke aufstecken.

❸ Die andere Seite des Sterns genauso arbeiten. Jeden der 5 Strahlen mit 3 Reihen à 4 goldenen Schuppen bis zur Spitze zustecken. Danach den Rand mit 1 m Kordel versäubern.

❹ Fertigarbeiten wie im 5. Arbeitsschritt beim Schuppenstern beschrieben.

Adventskranz

❶ 64 Stücke gemustertes und 48 Stücke weißes Band je 8 cm lang zuschneiden und falten.

❷ Die Kugeln mit dem Messer halbieren. Je Halbkugel ein Quadrat aus weißem Band aufstecken, und die 1. Reihe mit 4 gemusterten Schuppen bilden. In der 2. Reihe 4 weiße Schuppen aufstecken. Fortlaufend wiederholen, bis alles Band verarbeitet ist.

❸ Aus je 90 cm weißem Band 4 Schleifen um den Kranz binden, und die Halbkugeln darauf kleben. Die Rosen in dem Kranz befestigen.

Material:

- ★ **5,20 m Band: blau-gold-gemustert, 4 cm breit**
- ★ **9,20 m Kordel: naturweiß, 4 cm breit**
- ★ **2 Styroporkugeln, 8 cm ∅**
- ★ **4 Rosen mit Knospen: naturweiß**
- ★ **1 Tannenkranz mit Kerzenhaltern**
- ★ **4 Kerzen**

Hilfsmittel:

- ★ **kurze Stecknadeln**
- ★ **Schere**
- ★ **Klebepistole**
- ★ **scharfes, großes Messer**

Material:

- 7,80 m Band: champagner-gold, goldene Drahtkante, 7,5 cm breit
- 1,80 m Band: grün, goldene Drahtkante, 7,5 cm breit
- 1 m Kordel: gold
- 2 Styroporkugeln, 14 cm u. 3 cm ∅
- 3 Styroporzapfen, 10 cm
- 1 Tannengirlande
- 1 Minilichter-kette, 100er
- 1 antiker Puppenwagen
- 12 Rosen mit Knospen
- 1 Rolle Golddraht mit Sternchen
- Blumendraht
- Goldspray

Antiker Puppenwagen

1 52 champagnerfarbene und 12 grüne Bandstücke, je 15 cm lang, zuschneiden und falten.

2 Nach dem Aufstecken eines grünen Quadrats auf die Kugel in der 1. Reihe mit 4 gemusterten Schuppen und in der 2. Reihe mit 4 grünen (die Goldkante nach oben) beginnen.

3 Die 3. und 4. Reihe bestehen aus champagnerfarbenen Schuppen und die 5. wieder aus grünen. Weiter so im Wechsel, bis die 10. Reihe fertig ist.

4 Die Zapfen werden mit jeweils 2 Reihen zu je 4 champagnerfarbenen Schuppen besteckt, wobei die Goldkante nach oben zeigt. Den Rest mit Kordel umwickeln.

5 Je 10 Birnchen der Lichterkette bündeln und an der Girlande andrahten.
Mit Hilfe der Polsternadel durch Zapfen und Kugel Draht ziehen und diese Teile in der Girlande befestigen.

6 Die Rosen dazu dekorieren, die Girlande mit dem Sternchendraht umwickeln und über den Puppenwagen legen. Die kleine Kugel mit Goldspray besprühen und auf die Artischockenkugel kleben.

Hilfsmittel:

* kurze Stecknadeln
* Schere
* Heißklebepistole
* Drahtzange
* Polsternadel

Material:

- 17,30 m Band: königsblau, 4 cm breit
- 4,50 m Band: altsilber, durchbrochen, 4 cm breit
- 1 Styropor-kugel, 8 cm ∅
- 3 Styropor-zapfen, 10 cm lang
- 1 Tannen-girlande, 70 cm lang
- 1 dreiflammiger Leuchter, 120 cm hoch
- 3 Kerzen: silber
- 9 Perlen: weiß
- 3 Perlen: blau
- Blumendraht

Hilfsmittel:

- kurze Stecknadeln
- Schere
- Drahtzange
- Polsternadel

Schmiedeeiserner Kerzenständer

❶ 184 Stücke blaues Band je 8 cm lang zuschneiden und falten. 40 Stücke silbernes Band abschneiden.

❷ Zuerst ein Quadrat aus blauem Band aufstecken, und die 1. Reihe mit 4 Schuppen blauem Band bilden. In der 2. Reihe 4 Schuppen blaues Band zusammen mit Silberband aufstecken. Fortlaufend wiederholen, bis das silberne Band verarbeitet ist.

❸ Die Zapfen werden mit 9 Reihen zu je 4 Schuppen in Blau besteckt.

❹ Die Girlande um den Kerzenständer wickeln.

❺ Mit der Polsternadel Drähte duch die unteren Stücke der Styroporteile ziehen und an der Girlande befestigen.

❻ Aus 1,20 m langem silbernem und 2,50 m langem blauem Band einen Schleifentuff mit langen Enden binden und andrahten.

❼ Die Perlen auf Draht auffädeln und dekorativ am Gesteck befestigen.

Material:

- ★ 4,80 m Band, weiß mit Golddraht, 5 cm breit
- ★ 3 m Spitze, 3 cm breit
- ★ 0,50 m Band: rot-gold, 7,5 cm breit
- ★ 0,20 m Goldlitze
- ★ 1 Styroporkugel, 12 cm ∅
- ★ 1 Styroporkugel, 8 cm ∅
- ★ Hobbyline Acryl-Mattfarbe: Lachs, Rot und Schwarz
- ★ 2 Perlen: gold
- ★ Engelhaar
- ★ 1 Tortendeckchen: gold

Rauschgoldengel

❶ 36 Schuppen Drahtband aus 10 cm langen Stücken und 16 Schuppen Spitze aus 6 cm langen Stücken falten.

❷ Ein 3 x 3 cm großes Quadrat aus Spitze auf die Mitte der Kugel stecken. Die 1. Reihe besteht aus 4 Schuppen weiß-goldenem Drahtband. Die 2. Reihe wird in weißer Spitze und die 3. Reihe wieder mit Drahtband gesteckt.

❸ Für die 4. bis 6. Reihe erst 4 Schuppen Drahtband stecken, und dann auf jede Drahtschuppe nochmal eine Schuppe Spitze, etwas nach unten versetzt. Die Reihen 5 bis 9 werden nur mit den weiß-goldenen Schuppen besteckt, mit der Drahtkante nach oben.

❹ Die kleine Kugel mit der lachsfarbenen Acrylfarbe grundieren, und Augen und Mund aufmalen. Das Engelhaar aufkleben. Aus 20 cm Litze eine Krone aufstecken.

❺ 50 cm rot-goldenes Band zu einem Kragen einkräuseln und auf die große Kugel stecken. Kopf und Körper mit Drahtstücken aufeinanderstecken.

❻ Aus dem Tortendeckchen ein Flügelpaar schneiden und am Rücken feststecken.

❼ 2 Perlen als Knöpfe aufkleben.

Hilfsmittel:

- **kurze Stecknadeln**
- **Schere**
- **Heißklebepistole**
- **Pinsel**

Tannenmond

Material:

- ★ **8,30 m Band: rot mit breitem Goldrand, 5 cm breit**
- ★ **1,50 m Band: gold, durchbrochen, 6 cm breit**
- ★ **1 Styroporkugel, 12 cm ∅**
- ★ **1 Tannenmond**
- ★ **1 Rolle Golddraht mit Sternchen**
- ★ **Blumendraht**

Hilfsmittel:

- ★ **kurze Stecknadeln**
- ★ **Schere**
- ★ **Drahtzange**
- ★ **Polsternadel**

❶ 68 Stücke rot-goldenes Band je 10 cm lang zuschneiden und falten.

❷ Zuerst ein Quadrat aufstecken, und die 1. Reihe mit 4 Schuppen rotem Band bilden.

❸ In der 2. Reihe 4 Schuppen Band mit der breiten Goldkante nach oben aufstecken, und die Spitze mit einer 3. Nadel feststecken. Fortlaufend wiederholen, bis alle Schuppen verarbeitet sind.

❹ Den Tannenmond mit dem Sternchendraht umwickeln. Mit der Polsternadel einen Draht durch das untere Stück der Styroporkugel ziehen und sie an dem Mond befestigen.

❺ Aus 1,50 m rotem und 1,50 m durchbrochenem Band einen dicken Schleifentuff binden und andrahten.

Neben dieser Auswahl aus der Brunnen-Reihe haben wir noch viele andere Bücher im Programm. Wir informieren Sie gerne - fordern Sie einfach unsere neuen Prospekte an:

- Bücher für Ihre Kinder: Basteln, Spielen und Lernen mit Kindern
- Bücher für Ihre Hobbys: Stoff und Seidenmalerei, Malen und Zeichnen, Keramik, Floristik
- Bücher zum textilen Handarbeiten: Sticken, Häkeln und Patchwork

Wir sind für Sie da, wenn Sie Fragen zu AutorInnen, Anleitungen oder Materialien haben. Und wir interessieren uns für Ihre eigenen Ideen und Anregungen. Faxen, schreiben Sie oder rufen Sie uns an. Wir hören gerne von Ihnen! Ihr Christophorus-Verlag

Christophorus
Bücher mit Ideen

Hermann-Herder-Str. 4 / 79104 Freiburg i. Breisgau

Tel: 0761/2717-268 oder Fax: 0761/2717-3